La C

la die...

2021

Manual para principiantes con recetas para reducir la presión arterial con platos bajos en sodio.

Disfruta de sabrosas y deliciosas comidas con tus invitados.

Jasmin Contrero

THEDASHDIET

Índice

PESCADOS Y MARISCOS 28

Limón y arroz con cilantro

Tiempo de preparación: 15 minutos

Tiempo de cocción: 6 horas

Porciones: 4

Ingredientes:

- 3 tazas de caldo de verduras (bajo en sodio)

- 1 ½ tazas de arroz integral (sin cocer)

- Jugo de 2 limones

- 2 cucharadas de cilantro picado

Instrucciones:

1. En una olla de cocción lenta, coloque el caldo y el arroz. Cocine a fuego lento durante 5 horas. Revise el arroz para ver si está listo con un tenedor. Añada el jugo de limón y el cilantro antes de servirlo.

Nutrición:

Calorías 56

Grasas 0,3 g

Sodio 174 mg

Hidratos de carbono 12 g

Proteína 1 g

Frijoles de chile

Tiempo de preparación: 15 minutos

Hora de cocinar: 4 horas

Porciones: 5

Ingredientes:

- 1 ½ taza de pimiento picado

- 1 ½ taza de champiñones en rodajas (blancos)

- 1 taza de cebolla picada

- 1 cucharada de aceite de oliva

- 1 cucharada de chile en polvo

- 2 dientes picados Ajo

- 1 cucharadita de chile chipotle picado

- ½ tsp. Comino

- 15.5 onzas de frijoles negros drenados

- 1 taza de tomates cortados en dados (sin sal)

- 2 cucharadas de cilantro picado

Instrucciones:

1. Ponga todos los arreglos de arriba en la olla de cocción lenta. Cocine en "alta" durante 4 horas. Servir

Nutrición:

Calorías 343

Grasa 11 g

Sodio 308 mg

Hidratos de carbono 9 mg

Proteína 29 g

Uniforme de frijoles

Tiempo de preparación: 15 minutos

Hora de cocinar: 4 horas

Porciones: 20

Ingredientes:

- 30 onzas de frijoles Cannellini

- ½ taza de caldo (pollo o verduras)

- 1 cucharada de aceite de oliva

- 3 dientes picados Ajo

- ½ tsp. Marjoram

- ½ tsp. Rosemary

- 1/8 cucharadita de pimienta

- Pita Chips

- 1 cucharada de aceite de oliva

Instrucciones:

1. Poner aceite de oliva, frijoles, caldo, mejorana, ajo, romero y pimienta en la olla de cocción lenta. Cocine a fuego lento durante 4 horas. Triture la mezcla y pásela a un bol. Servir con Pita.

Nutrición:

Calorías 298

Grasa 18 g

Sodio 298 mg

Hidratos de carbono 30 mg

Proteína 19 g

Bistec, shiitake y espárragos fritos.

Tiempo de preparación: 15 minutos

Tiempo de cocción: 2 horas y 20 minutos

Porciones: 4

Ingredientes:

- 1 cucharada de jerez (seco)

- 1 cucharada de vinagre (arroz)

- ½ cucharadas de salsa de soja (baja en sodio)

- ½ cucharada de maicena

- 2 cucharaditas de aceite de canola

- ¼ cdta. Pimienta negra (molida)

- 1 diente picado Ajo

- ½ Lb. Rebanada de solomillo

- 3 onzas. Setas Shiitake

- ½ cucharadas de jengibre picado

- 6 oz. de espárragos en rodajas

- 3 onzas. Guisantes (chasquido de azúcar)

- 2 cebollas en rodajas

- ¼ taza de agua

Instrucciones:

1. Combina almidón de maíz, salsa de soja, vinagre de jerez, caldo y pimienta. Poner los filetes en una cucharadita de aceite caliente en la olla de cocción lenta durante 2 minutos. Pasar los filetes a un plato. Saltee el jengibre y el ajo en el aceite restante. Añada los champiñones, los guisantes y los espárragos.

2. Añade agua y cocina a fuego lento durante 1 hora. Añade las cebolletas y cocina de nuevo durante 30 minutos a fuego lento. Cambie el fuego a "alto" y añada el vinagre. Cuando la salsa se haya espesado, transfiera los filetes a la olla de cocción lenta. Revuelva bien y sirva inmediatamente.

Nutrición:

Calorías 182

Grasas 7 g

Sodio 157 mg

Hidratos de carbono 10 mg

Proteína 20 g

y verduras al curry

Tiempo de preparación: 15 minutos

Hora de cocinar: 4 horas

Porciones: 2

Ingredientes:

- ½ cucharada de aceite de canola

- 2 rebanadas de costillas de apio

- 1/8 cucharadita de pimienta de cayena

- ¼ taza de agua

- 2 zanahorias en rodajas

- 2 patatas rojas en rodajas (en rodajas)

- ½ cucharada de polvo de curry

- ½ taza de Leche de Coco (light)

- ¼ taza de garbanzos escurridos (bajo en sodio)

- Cilantro picado

- ¼ taza de yogur (bajo en grasa)

Instrucciones:

1. Saltee las patatas durante 5 minutos en aceite. Añade las zanahorias, el apio y la cebolla. Saltear durante 5 minutos más. Espolvorear el polvo de curry y la pimienta de cayena. Revuelva bien para combinar.

2. En una olla de cocción lenta, vierta agua y leche de coco. Añada las patatas. Cocine a fuego lento durante 3 horas. Añade los garbanzos y cocina durante 30 minutos más. Servir en tazones junto con la guarnición de yogur y cilantro.

Nutrición:

Calorías 271

Grasas 11 g

Sodio 207 mg

Hidratos de carbono 39 g

Proteína 7 g

Cazuela de coles de Bruselas

Tiempo de preparación: 15 minutos

Hora de cocinar: 4 horas y 15 minutos

Porciones: 3

Ingredientes:

- ¾ lb. Coles de Bruselas

- 1 rebanada de panceta cortada

- 1 diente picado Ajo

- 1 cucharada de Shallot picada

- ¼ taza de piñones (tostados)

- ¼ cdta. Pimienta Negra (agrietada)

- 4 cucharadas de agua

Instrucciones:

1. Corta los brotes y colócalos en la olla de cocción lenta junto con el agua. Cocine en "alta" durante 1 hora. Escurrir bien. Quita la grasa de la panceta. Saltear la panceta durante 4 minutos. Añade los chalotes, el ajo y 1/8 de taza de piñones al sofrito.

2. Ahora, agregue los brotes. Cocina durante 3 minutos. Transfiera la mezcla preparada a la olla de cocción

lenta. Añade la pimienta negra. 4 cucharadas de agua, y cocine de nuevo a fuego lento durante 2 horas. Sirva inmediatamente.

Nutrición:

Calorías 128

Grasas 9 g

Sodio 56 mg.

Hidratos de carbono 5 g

Proteína 5 g

Coliflor sabrosa

Tiempo de preparación: 15 minutos

Tiempo de cocción: 6 horas y 15 minutos

Porciones: 4

Ingredientes:

- 2 dientes picados Ajo

- 2 tazas de flores de coliflor

- 2 cucharadas de aceite de oliva

- Una pizca de sal marina

- ¼ cdta. Pepper Flakes (chile)

- Una pizca de pimienta negra (agrietada)

- 4 cucharadas de agua

- Zest de ½ limón

Instrucciones:

1. En una olla de cocción lenta, coliflor y aceite. Añade el vinagre. Revuelva bien para que se cubra bien. Poner el resto de los ingredientes y volver a mezclar. Cocine a fuego lento durante 2 horas. Servir inmediatamente.

Nutrición:

Calorías 150

Grasas 14 g

Sodio 69 mg

Hidratos de carbono 6 g

Proteína 2,2 g

Salsa de alcachofa y espinaca

Tiempo de preparación: 15 minutos

Tiempo de cocción: 2 horas y 10 minutos

Porciones: 2

Ingredientes:

- 1/8 cucharadita de albahaca (seca)

- Corazones de alcachofa picados de 14 oz.

- 1 ½ tazas de espinacas

- ½ Diente picado Ajo

- ¼ taza de crema agria (baja en grasas)

- ¼ taza de queso rallado (parmesano)

- ¼ taza de queso mozzarella (rallado)

- 1/8 cucharadita de perejil (seco)

- ½ taza de yogur (Griego)

- Una pizca de pimienta negra

- Una pizca de sal Kosher

Instrucciones:

1. Hervir las espinacas en agua durante 1 min. Escurrir el agua. Poner las espinacas a un lado para que se enfríen y luego cortarlas. Haz un puré con todos los ingredientes, incluyendo las espinacas, en una licuadora.

2. Transfiera la mezcla a la olla de cocción lenta. Añade los quesos y cocina durante 1 hora a fuego lento. Servir con verduras en rodajas.

Nutrición:

Calorías 263

Grasas 14 g

Sodio 537 mg

Hidratos de carbono 18 g

Proteína 20 g

Salsa de manzana

Tiempo de preparación: 15 minutos

Tiempo de cocción: 2 horas

Porciones: 3

Ingredientes:

- 7 ½ oz. de frijoles negros drenados

- ¼ Manzanas al cubo (Granny Smith)

- ¼ Chili Pepper picado (Serrano)

- 1/8 de taza de cebolla picada (roja)

- 1 ½ Cucharada de cilantro picado

- ¼ Limón

- ¼ Naranja

- Una pizca de sal marina

- Una pizca de pimienta negra (agrietada)

Instrucciones:

1. Mezclar todos los ingredientes en la olla (olla de cocción lenta). Cocine a fuego lento durante una hora. Pasar a un recipiente con tapa y dejar enfriar durante 1 hora. Servir.

Nutrición:

Calorías 100

Grasas 0,4 g

Sodio 50 mg.

Hidratos de carbono 20 g

Proteína 5 g

Pescados y mariscos

Salmón glaseado con cítricos y fideos de calabacín

Tiempo de preparación: 15 minutos

Tiempo de cocción: 20 minutos

Porciones: 4

Ingredientes:

- 4 piezas de salmón de 5 a 6 onzas...

- ½ cucharadita de sal kosher

- ¼ cucharadita de pimienta negra recién molida

- 1 cucharada de aceite de oliva extra virgen

- 1 taza de jugo de naranja recién exprimido

- 1 cucharadita de salsa de soja baja en sodio

- 2 calabacines (unas 16 onzas), en espiral

- 1 cucharada de cebollino fresco, picado

- 1 cucharada de perejil fresco, picado

Instrucciones:

1. Precaliente el horno a 350°F. Saborea el salmón con sal y pimienta negra. Caliente el aceite de oliva en una sartén grande para horno o saltee la sartén a fuego medio-alto. Añada el salmón, con la piel hacia abajo, y sírvalo durante 5 minutos o hasta que la piel esté dorada y crujiente.

2. Voltee el salmón, luego transfiéralo al horno hasta que alcance el punto de cocción deseado, unos 5 minutos. Coloque el salmón en una tabla de cortar para que descanse.

3. Coloca la misma cacerola en la estufa a fuego medio-alto. Añade el jugo de naranja y la salsa de soja para desgasificar la sartén. Deje hervir a fuego lento, raspando cualquier trozo marrón, y cocine a fuego lento de 5 a 7 minutos.

4. Dividan o dividan los fideos de calabacín en 4 platos y coloquen 1 trozo de salmón en cada uno. Vierta el glaseado de naranja sobre el salmón y los fideos de calabacín. Adorne con el cebollino y el perejil.

Nutrición:

Calorías: 280

Grasa: 13g

Sodio: 255mg

Hidratos de carbono: 11g

Proteína: 30g

Pasteles de salmón con pimiento y yogur de limón.

Tiempo de preparación: 15 minutos

Tiempo de cocción: 15 minutos

Porciones: 4

Ingredientes:

- ¼ taza de migas de pan integral

- ¼ taza de mayonesa

- 1 huevo grande, batido

- 1 cucharada de cebollino picado

- 1 cucharada de perejil fresco, picado

- Cáscara de 1 limón

- ¾ cucharadita de sal kosher, dividida

- ¼ cucharadita de pimienta negra recién molida

- 2 latas de 5 a 6 onzas de sal de salmón sin piel y sin espinas, escurrido y finamente desmenuzado.

- ½ pimiento morrón, cortado en pequeños trozos

- 2 cucharadas de aceite de oliva extra virgen, divididas

- 1 taza de yogur griego natural

- Jugo de 1 limón

Instrucciones:

1. Mezcla las migas de pan, la mayonesa, el huevo, el cebollino, el perejil, la cáscara de limón, ½ la cucharadita de sal y la pimienta negra en un bol grande. Añadan el salmón y el pimiento y revuelvan suavemente hasta que estén bien combinados. Formar la mezcla en 8 hamburguesas.

2. Calentar una cucharada de aceite de oliva en una sartén grande a fuego medio-alto. Cocine la mitad de los pasteles hasta que los fondos estén dorados, de 4 a 5 minutos. Ajusten el fuego a medio si las bases comienzan a quemarse.

3. Voltee los pasteles y cocínelos hasta que se doren, 4 ó 5 minutos más. Repita el proceso con el resto de la cucharada de aceite de oliva y el resto de los pasteles.

4. Mezcla el yogur, el jugo de limón y la cucharadita de sal restante ¼ en un pequeño tazón. Servir con los pasteles de salmón.

Nutrición:

Calorías: 330

Grasa: 23g

Sodio: 385mg

Hidratos de carbono: 9g

Proteína: 21g

Fletán en pergamino con calabacín, chalotas y hierbas

Tiempo de preparación: 15 minutos

Tiempo de cocción: 15 minutos

Porciones: 4

Ingredientes:

- ½ taza de calabacín, en cubitos pequeños

- 1 chalota, picada

- 4 (5 onzas) filetes de fletán (alrededor de 1 pulgada de espesor)

- 4 cucharaditas de aceite de oliva extra virgen

- ¼ cucharadita de sal kosher

- 1/8 de cucharadita de pimienta negra recién molida

- 1 limón, cortado en rodajas de 1/8 de pulgada de grosor.

- 8 ramas de tomillo

Instrucciones:

1. Precaliente el horno a 450°F. Combina el calabacín y los chalotes en un tazón mediano. Cortar 4 trozos de papel pergamino de 15 por 24 pulgadas. Doblar cada hoja por la mitad horizontalmente.

2. Dibuja un gran medio corazón en un lado de cada hoja doblada, con el pliegue a lo largo del centro del corazón. Corten el corazón, abran el pergamino y pónganlo plano.

3. Coloca un filete cerca del centro de cada corazón de pergamino. Rocíe una cucharadita de aceite de oliva en cada filete. Espolvorear con sal y pimienta. Cubrir cada filete con rodajas de limón y 2 ramitas de tomillo. Espolvorea cada filete con un cuarto de la mezcla de calabacín y chalota. Doblar el pergamino.

4. Empezando por arriba, dobla los bordes del pergamino y continúa todo el camino alrededor para hacer un paquete. Gire el extremo con fuerza para asegurar. Arregle los 4 paquetes en una bandeja de hornear. Hornee durante unos 15 minutos. Colóquelos en los platos; córtelos. Sirva inmediatamente.

Nutrición:

Calorías: 190

Grasa: 7g

Sodio: 170mg

Hidratos de carbono: 5g

Proteína: 27g

Platija con tomates y albahaca

Tiempo de preparación: 15 minutos

Tiempo de cocción: 20 minutos

Porciones: 4

Ingredientes:

- 1 libra de tomates cherry

- 4 dientes de ajo, en rodajas

- 2 cucharadas de aceite de oliva extra virgen

- 2 cucharadas de jugo de limón

- 2 cucharadas de albahaca, cortadas en cintas

- ½ cucharadita de sal kosher

- ¼ cucharadita de pimienta negra recién molida

- 4 filetes de platija (5 a 6 onzas)

Instrucciones:

1. Precaliente el horno a 425°F.

2. Mezcla los tomates, el ajo, el aceite de oliva, el jugo de limón, la albahaca, la sal y la pimienta negra en una bandeja de hornear. Hornee durante 5 minutos.

3. Retira, y luego coloca la platija sobre la mezcla de tomate. Hornee hasta que el pescado esté opaco y empiece a desmenuzarse, unos 10 o 15 minutos, dependiendo del grosor.

Nutrición:

Calorías: 215

Grasa: 9g

Sodio: 261mg

Hidratos de carbono: 6g

Proteína: 28g

Mahi-Mahi a la parrilla con caponata de alcachofa

Tiempo de preparación: 15 minutos

Hora de cocinar: 30 minutos

Porciones: 4

Ingredientes:

- 2 cucharadas de aceite de oliva extra virgen

- 2 tallos de apio, cortados en cubos

- 1 cebolla, cortada en cubitos

- 2 dientes de ajo, picados

- ½ taza de tomates cherry, picados

- ¼ copa de vino blanco

- 2 cucharadas de vinagre de vino blanco

- 1 lata de corazones de alcachofa, escurridos y picados

- ¼ taza de aceitunas verdes, sin hueso y picadas

- 1 cucharada de alcaparras, picadas

- ¼ cucharadita de copos de pimienta roja

- 2 cucharadas de albahaca fresca, picada

- 4 (5 a 6 onzas cada uno) filetes de dorado sin piel

- ½ cucharadita de sal kosher

- ¼ cucharadita de pimienta negra recién molida

- Aceite de oliva en aerosol de cocina

Instrucciones:

1. Calentar aceite de oliva en una sartén a fuego medio, luego poner el apio y la cebolla, y saltear de 4 a 5 minutos. Añada el ajo y saltee 30 segundos. Añada los tomates y cocine en 2 o 3 minutos. Añade el vino y el vinagre para desgasificar la sartén, aumentando el fuego a medio-alto.

2. Añadir las alcachofas, aceitunas, alcaparras y hojuelas de pimienta roja y cocer a fuego lento, reduciendo el líquido a la mitad, unos 10 minutos. Mezclar con la albahaca.

3. Sazona el mahi-mahi con sal y pimienta. Caliente una sartén o una parrilla a fuego medio-alto y cúbrala con aceite de oliva en aerosol. Añada el pescado y cocínelo en 4 ó 5 minutos por cada lado. Sirva con la caponata de alcachofa.

Nutrición:

Calorías: 245

Grasa: 9g

Sodio: 570mg

Hidratos de carbono: 10g

Proteína: 28g

Sopa de bacalao y coliflor

Tiempo de preparación: 15 minutos

Hora de cocinar: 40 minutos

Porciones: 4

Ingredientes:

- 2 cucharadas de aceite de oliva extra virgen

- Un puerro, cortado en rodajas finas

- 4 dientes de ajo, en rodajas

- 1 coliflor de cabeza mediana, cortada en trozos grandes

- 1 cucharadita de sal kosher

- ¼ cucharadita de pimienta negra recién molida

- 2 pintas de tomates cherry

- 2 tazas de caldo vegetal sin sal.

- ¼ taza de aceitunas verdes, sin hueso y picadas

- 1 a 1½ libras de bacalao

- ¼ taza de perejil fresco, picado

Instrucciones:

1. Calentar el aceite de oliva en un horno holandés o en una olla grande a fuego medio. Añade el puerro y saltéalo hasta que se dore ligeramente, unos 5 minutos.

---

2. Añade el ajo y saltéalo en 30 segundos. Añade la coliflor, la sal y la pimienta negra y saltéalo de 2 a 3 minutos.

3. Añade los tomates y el caldo de verduras, sube el fuego a alto y hierve, luego baja el fuego y hierve a fuego lento en 10 minutos.

4. Añade las aceitunas y mézclalas. Añada el pescado, cúbralo y cocine a fuego lento durante 20 minutos o hasta que el pescado esté opaco y se desmenuce fácilmente. Mezclar suavemente con el perejil.

Nutrición:

Calorías: 270

Grasa: 9g

Sodio: 545mg

Potasio: 1475mg

Hidratos de carbono: 19g

Proteína: 30g

Bruschetta de sardina con hinojo y crema de limón

Tiempo de preparación: 15 minutos

Tiempo de cocción: 0 minutos

Porciones: 4

Ingredientes:

- 1/3 de taza de yogur griego natural

- 2 cucharadas de mayonesa

- 2 cucharadas de jugo de limón, divididas

- 2 cucharaditas de cáscara de limón

- ¾ cucharadita de sal kosher, dividida

- 1 bulbo de hinojo, sin corazón y cortado en rodajas finas

- ¼ taza de perejil, picado, y más para adornar

- ¼ taza de menta fresca, picada2 cucharaditas de aceite de oliva extra virgen

- 1/8 de cucharadita de pimienta negra recién molida

- 8 rebanadas de pan multicereales, tostado

- 2 latas (4,4 onzas) de sardinas ahumadas

Instrucciones:

1. Mezcla el yogur, la mayonesa, una cucharada de jugo de limón, la cáscara de limón y una cucharadita de sal en un pequeño tazón.

2. Mezcla la cucharadita de sal restante ½, la cucharada de jugo de limón restante, el hinojo, el perejil, la menta, el aceite de oliva y la pimienta negra en un tazón pequeño separado.

3. Ponga una cucharada de la mezcla de yogur en cada tostada. Dividir la mezcla de hinojo de manera uniforme en la parte superior de la mezcla de yogur. Dividir las sardinas entre las tostadas, colocándolas sobre la mezcla de hinojo. Adorne con más hierbas, si lo desea.

Nutrición:

Calorías: 400

Grasa: 16g

Sodio: 565mg

Hidratos de carbono: 51g

Proteína: 16g

Ensalada de atún picado

Tiempo de preparación: 15 minutos

Tiempo de cocción: 0 minutos

Porciones: 4

Ingredientes:

- 2 cucharadas de aceite de oliva extra virgen

- 2 cucharadas de jugo de limón

- 2 cucharaditas de mostaza de Dijon

- ½ cucharadita de sal kosher

- ¼ cucharadita de pimienta negra recién molida

- 12 aceitunas, deshuesadas y picadas

- ½ taza de apio, en cubitos

- ½ taza de cebolla roja, cortada en cubitos

- ½ taza de pimiento rojo, cortado en cubos

- ½ taza de perejil fresco, picado

- 2 latas (6 onzas) de atún sin sal envasadas en agua, escurridas

- 6 tazas de espinacas para bebés

Instrucciones:

1. Mezcla el aceite de oliva, el jugo de limón, la mostaza, la sal y la pimienta negra en un tazón mediano. Añada las aceitunas, el apio, la cebolla, el pimiento y el perejil y mezcle bien. Añada el atún e incorpórelo suavemente. Dividir las espinacas de manera uniforme entre 4 platos o tazones. Colocar la ensalada de atún uniformemente sobre las espinacas.

Nutrición:

Calorías: 220

Grasa: 11g

Sodio: 396mg

Hidratos de carbono: 7g

Proteína: 25g

Rape con puerros, hinojo y tomates salteados

Tiempo de preparación: 15 minutos

Hora de cocinar: 35 minutos

Porciones: 4

Ingredientes:

- 1 a 1½ libras de rape

- 3 cucharadas de jugo de limón, divididas

- 1 cucharadita de sal kosher, dividida

- 1/8 de cucharadita de pimienta negra recién molida

- 2 cucharadas de aceite de oliva extra virgen

- 1 puerro, cortado por la mitad a lo largo y en rodajas finas.

- ½ cebolla, julienne

- 3 dientes de ajo, picados

- 2 bulbos de hinojo, sin corazón y cortados en rodajas finas, además de ¼ de frondas de taza para la guarnición

- Una lata de 14,5 onzas de tomates cortados en dados sin sal.

- 2 cucharadas de perejil fresco, picado

- 2 cucharadas de orégano fresco, picado

- ¼ cucharadita de copos de pimienta roja

Instrucciones:

1. Coloca el pescado en una fuente mediana para hornear y añade 2 cucharadas de jugo de limón, ¼ cucharadita de sal, más la pimienta negra. Colóquelo en el refrigerador.

2. Calentar el aceite de oliva en una sartén grande a fuego medio, luego poner el puerro y la cebolla y saltear hasta que estén translúcidos, unos 3 minutos. Añada el ajo y saltee en 30 segundos. Añada el hinojo y saltee de 4 a 5 minutos. Añada los tomates y cocine a fuego lento durante 2 o 3 minutos.

3. Añade el perejil, el orégano, las escamas de pimiento rojo, la cucharadita de sal ¾ restante y la cucharada de jugo de limón restante. Poner el pescado sobre la mezcla de puerro, cubrirlo y cocinarlo a fuego lento durante 20 o 25 minutos. Adornar con las hojas de hinojo.

Nutrición:

Calorías: 220

Grasa: 9g

Sodio: 345mg

Hidratos de carbono: 11g

Proteína: 22g

Hinojo y sardinas caramelizadas con Penne

Tiempo de preparación: 15 minutos

Hora de cocinar: 30 minutos

Porciones: 4

Ingredientes:

- 8 onzas de penne de trigo entero

- 2 cucharadas de aceite de oliva extra virgen

- 1 bulbo de hinojo, sin corazón y cortado en rodajas finas, además de ¼ frondas de taza

- 2 tallos de apio, cortados en rodajas finas, más ½ hojas de taza

- 4 dientes de ajo, en rodajas

- ¾ cucharadita de sal kosher

- ¼ cucharadita de pimienta negra recién molida

- Cáscara de 1 limón

- Jugo de 1 limón

- 2 latas (4,4 onzas) de sardinas sin piel y deshuesadas en aceite de oliva, sin escurrir.

Instrucciones:

1. Cocine el penne, como se indica en las instrucciones del paquete. Escúrralo, reservando una taza de agua de la pasta. Calentar el aceite de oliva en una sartén grande a fuego medio, luego poner el hinojo y el apio y cocer dentro de 10 a 12 minutos. Añada el ajo y cocine dentro de 1 minuto.

2. Añade el penne, el agua de la pasta reservada, la sal y la pimienta negra. Ajuste el fuego a medio-alto y cocine de 1 a 2 minutos.

3. Remueva, luego agregue la cáscara de limón, el jugo de limón, las hojas de hinojo y las hojas de apio. Rompa las sardinas en trozos del tamaño de un bocado y mézclelas suavemente, junto con el aceite en el que fueron empaquetadas.

Nutrición:

Calorías: 400

Grasa: 15g

Sodio: 530mg

Hidratos de carbono: 46g

Proteína: 22g

Cioppino

Tiempo de preparación: 15 minutos

Hora de cocinar: 35 minutos

Porciones: 4

Ingredientes:

- 2 cucharadas de aceite de oliva extra virgen

- 1 cebolla, cortada en cubitos

- 1 bulbo de hinojo, picado, más ½ hojas de taza para la guarnición

- 1 cuarto de galón de caldo vegetal sin sal añadida

- 4 dientes de ajo, aplastados

- 8 ramas de tomillo

- 1 cucharadita de sal kosher

- ¼ cucharadita de copos de pimienta roja

- 1 hoja de laurel seca

- Un manojo de coles, desvencijadas y picadas

- Una docena de almejas de cuello pequeño bien cerradas, restregadas

- Pescado de una libra (bacalao, fletán y lubina son todas buenas opciones)

- ¼ taza de perejil fresco, picado

Instrucciones:

1. Calienta el aceite de oliva en una gran olla a fuego medio. Añade la cebolla y el hinojo y saltéalo durante unos 5 minutos. Añada el caldo de verduras, el ajo, el tomillo, la sal, las escamas de pimienta roja y el laurel. Ajustar el fuego a medio-alto y cocinar a fuego lento. Añada la col rizada, tape y cocine a fuego lento durante 5 minutos.

2. Añade las almejas con cuidado, cúbrelas y déjalas cocer a fuego lento unos 15 minutos hasta que se abran. Retire las almejas y déjelas a un lado. Descarte las almejas que no se abran.

3. Añade el pescado, cúbrelo y déjalo cocer a fuego lento en 5 o 10 minutos, dependiendo del grosor del pescado, hasta que se opere y se separe fácilmente. Mezclar suavemente con el perejil. Dividir el cioppino entre 4 tazones. Coloquen 3 almejas en cada tazón y adornen con las hojas de hinojo.

Nutrición:
Calorías: 285
Grasa: 9g

Sodio: 570mg

Hidratos de carbono: 19g

Proteína: 32g

Ensalada de cangrejo de la Diosa Verde con escarola

Tiempo de preparación: 15 minutos

Tiempo de cocción: 10 minutos

Porciones: 4

Ingredientes:

- 1 libra de carne de cangrejo

- 2/3 de taza de yogur griego natural

- 3 cucharadas de mayonesa

- 3 cucharadas de cebollinos frescos, picados, más un adicional para la guarnición

- 3 cucharadas de perejil fresco, picado, más un extra para la guarnición.

- 3 cucharadas de albahaca fresca, picada, y más para la decoración.

- Cáscara de 1 limón

- Jugo de 1 limón

- ½ cucharadita de sal kosher

- ¼ cucharadita de pimienta negra recién molida

- 4 endibias, los extremos cortados y las hojas separadas

Instrucciones:

1. En un tazón mediano, combine el cangrejo, el yogur, la mayonesa, el cebollino, el perejil, la albahaca, la cáscara de limón, el jugo de limón, la sal y la pimienta negra y mézclelos hasta que estén bien combinados.

2. Coloca las hojas de endibia en 4 platos de ensalada. Dividan la mezcla de cangrejo en partes iguales sobre la endibia. Adorne con hierbas adicionales, si lo desea.

Nutrición:

Calorías: 200

Grasa: 9g

Sodio: 570mg

Hidratos de carbono: 44g

Proteína: 25g

Vieiras chamuscadas con glaseado de naranja sanguina

Tiempo de preparación: 15 minutos

Tiempo de cocción: 20 minutos

Porciones: 4

Ingredientes:

- 3 cucharadas de aceite de oliva extra virgen, divididas

- 3 dientes de ajo, picados

- ½ cucharadita de sal kosher, dividida

- 4 naranjas de sangre, en jugo

- 1 cucharadita de cáscara de naranja sanguina

- ½ cucharadita de copos de pimiento rojo

- Vieiras de una libra, se le quitó el pequeño músculo lateral

- ¼ cucharadita de pimienta negra recién molida

- ¼ taza de cebollino fresco, picado

Instrucciones:

1. Calentar una cucharada de aceite de oliva en una pequeña cacerola a fuego medio-alto. Añade el ajo y una cucharadita de sal y saltéalo durante 30 segundos.

2. Añade el jugo y la cáscara de naranja, ponlo a hervir, reduce el fuego a medio-bajo y cocina en 20 minutos, o hasta que el líquido se reduzca a la mitad y adquiera una consistencia de jarabe más espesa. Retire y mezcle las escamas de pimiento rojo.

3. Seca las vieiras con una toalla de papel y sazona con el resto de la sal ¼ y la pimienta negra. Calentar las 2 cucharadas restantes de aceite de oliva en una sartén grande a fuego medio-alto. Añade las vieiras suavemente y sírvelas.

4. Cocinar en cada lado en 2 minutos. Si se cocina en 2 tandas, use 1 cucharada de aceite por tandas. Sirva las vieiras con el glaseado de naranja sanguina y adorne con el cebollino.

Nutrición:

Calorías: 140

Grasa: 4g

Sodio: 570mg

Hidratos de carbono: 12g

Proteína: 15g

Lemon Garlic Shrimp

Tiempo de preparación: 15 minutos

Tiempo de cocción: 10 minutos

Porciones: 4

Ingredientes:

- 2 cucharadas de aceite de oliva extra virgen

- 3 dientes de ajo, en rodajas

- ½ cucharadita de sal kosher

- ¼ cucharadita de copos de pimienta roja

- Camarones grandes de 1 libra, pelados y desvenados

- ½ copa de vino blanco

- 3 cucharadas de perejil fresco, picado

- Zest de ½ limón

- Jugo de ½ limón

Instrucciones:

1. Calentar el aceite de oliva en un wok o sartén grande a fuego medio-alto. Añada el ajo, la sal y las escamas de pimienta roja y saltee hasta que el ajo empiece a dorarse, de 30 segundos a 1 minuto.

2. Añade las gambas y cocínalas en 2 o 3 minutos por cada lado. Vierte el vino y desglosa el wok, raspando los sabrosos trozos marrones, durante 1 ó 2 minutos. Apagar el fuego; mezclar el perejil, la cáscara de limón y el jugo de limón.

Nutrición:

Calorías: 200

Grasa: 9g

Sodio: 310mg

Hidratos de carbono: 3g

Proteína: 23g

Camarones Fra Diavolo

Tiempo de preparación: 15 minutos

Tiempo de cocción: 10 minutos

Porciones: 4

Ingredientes:

- 2 cucharadas de aceite de oliva extra virgen

- 1 cebolla, cortada en pequeños trozos

- 1 bulbo de hinojo, sin corazón y cortado en dados pequeños, además de ¼ taza de frondas para la guarnición

- 1 pimiento, cortado en pequeños trozos

- ½ cucharadita de orégano seco

- ½ cucharadita de tomillo seco

- ½ cucharadita de sal kosher

- ¼ cucharadita de copos de pimienta roja

- Una lata de 14,5 onzas de tomates cortados en dados sin sal.

- Camarones de una libra, pelados y desvenados

- Jugo de 1 limón

- Cáscara de 1 limón

- 2 cucharadas de perejil fresco, picado, para adornar.

Instrucciones:

1. Calienta el aceite de oliva en una sartén grande o saltee la sartén a fuego medio. Añada la cebolla, el hinojo, el pimiento, el orégano, el tomillo, la sal y las escamas de pimiento rojo y saltee hasta que estén translúcidas, unos 5 minutos.

2. Rocíe la cacerola con el jugo de los tomates enlatados, raspando los trozos marrones y poniéndolos a hervir. Añade los tomates cortados en dados y los camarones. Bajar el fuego a fuego lento en 3 minutos.

3. Apaga la calefacción. Añade el jugo de limón y la cáscara de limón, y mézclalo bien para que se mezcle. Adorne con el perejil y las hojas de hinojo.

Nutrición:

Calorías: 240

Grasa: 9g

Sodio: 335mg

Hidratos de carbono: 13g

Proteína: 25g

Pez Amandine

Tiempo de preparación: 15 minutos

Tiempo de cocción: 15 minutos

Porciones: 4

Ingredientes:

- Filetes de tilapia, trucha o fletán sin piel de 4 onzas, de 1/2 a 1 pulgada de grosor.

- ¼ taza de suero de leche

- ½ cucharadita de mostaza seca

- 1/8 de cucharadita de pimienta roja triturada

- 1 cucharada de mantequilla, derretida

- ¼ cucharadita de sal

- ½ taza panko pan rallado

- 2 cucharadas de perejil fresco picado

- ¼ taza de almendras en rodajas, picadas gruesas

- 2 cucharadas de queso parmesano rallado

Instrucciones:

1. Descongelar el pescado, si está congelado. Precalentar el horno a 450oF. Engrasar un molde de hornear poco

profundo; ponerlo a un lado. Enjuagar el pescado; secarlo con toallas de papel.

2. Vierta el suero de leche en un plato poco profundo. En un plato poco profundo, mezclar el pan rallado, la mostaza seca, el perejil y la sal. Remoje el pescado en suero de leche, y luego en la mezcla de migas, volviéndolo a cubrir. Ponga el pescado cubierto en la bandeja de hornear.

3. Saborea el pescado con almendras y queso parmesano; rocía con mantequilla derretida. Espolvorear con pimienta roja arrugada. Hornee durante 5 minutos por cada media pulgada de espesor del pescado o hasta que el pescado se desmenuce fácilmente cuando se lo revisa con un tenedor.

Nutrición:

Calorías 209

Grasa 8,7 g

Sodio 302 mg

Hidratos de carbono 6,7 g

Proteína 26,2 g

Tortas de pescado en la freidora de aire

Tiempo de preparación: 15 minutos

Tiempo de cocción: 10 minutos

Porciones: 2

Ingredientes:

- Spray de cocina

- 10 onzas de pescado blanco finamente picado

- 2/3 de taza de migas de panko de trigo integral

- 3 cucharadas de Cilantro fresco finamente picado

- 2 cucharadas de salsa de chile dulce tailandesa

- 2 cucharadas de mayonesa de canola

- 1 huevo grande

- 1/8 de cucharadita de sal

- ¼ cucharadita de pimienta molida

- 2 cuñas de cal

Instrucciones:

1. Engrasó la cesta de una freidora de aire con spray de cocina. Poner el pescado, el cilantro, el panko, la salsa de chile, el huevo, la mayonesa, la pimienta y la sal en

un tazón mediano; revolver hasta que se mezclen bien. Formar la mezcla en cuatro pasteles de 3 pulgadas de diámetro.

2. Engrasar los pasteles con spray de cocina; colocarlos en la cesta. Cocinar a 4000F hasta que los pasteles se doren durante 9 o 10 minutos. Servir con gajos de lima.

Nutrición:

Calorías 399

Grasa 15,5 g

Sodio 537 mg

Hidratos de carbono 27,9 g

Proteína 34,6 g

Pasta de camarones al pesto

Tiempo de preparación: 15 minutos

Tiempo de cocción: 12 minutos

Porciones: 4

Ingredientes:

- 1/8 de cucharadita de pimienta recién cortada

- 1 taza de orzo seco

- 4 cucharaditas de mezcla de salsa pesto envasada

- 1 limón, cortado a la mitad

- 1/8 de cucharadita de sal gruesa

- Camarones medianos de 1 libra, descongelados

- 1 calabacín mediano, cortado por la mitad a lo largo y en rodajas

- 2 cucharadas de aceite de oliva, divididas

- 1 onza de queso parmesano raspado

Instrucciones:

1. Prepare la pasta orzo con respecto a las instrucciones del paquete. Escurrir; reservando ¼ taza del agua de cocción de la pasta. Mezclar una cucharadita de la

mezcla de pesto en el agua de cocción reservada y reservar.

2. Mezcla 3 cucharaditas de la mezcla de pesto más 1 cucharada de aceite de oliva en una gran bolsa de plástico. Sellar y agitar para mezclar. Ponga los camarones en la bolsa; séllelos y délos vuelta para cubrirlos. Poner a un lado.

3. Saltee los calabacines en una gran sartén a fuego moderado durante 1 o 2 minutos, revolviendo repetidamente. Ponga los camarones marinados al pesto en la sartén y cocínelos durante 5 minutos o hasta que los camarones sean densos.

4. Ponga la pasta cocida en la sartén con la combinación de calabacines y camarones. Revuelva el agua de la pasta guardada hasta que se absorba, rallando cualquier condimento en el fondo de la sartén. Sazonar con pimienta y sal. Exprimir el limón sobre la pasta. Cubrir con parmesano, y luego servir.

Nutrición:
Calorías 361
Grasa 10.1 g
Sodio 502 mg
Hidratos de carbono 35,8 g
Proteína 31,6 g

Camarones Rápidos Scampi

Tiempo de preparación: 5 minutos

Tiempo de cocción: 10 minutos

Porciones: 4

Ingredientes:

- 2 cucharadas de aceite de oliva

- ½ taza (120 ml) de vino blanco seco

- 3 dientes de ajo, picados

- 680 g de camarones grandes, pelados y secados.

- Una gran cantidad de copos de pimiento rojo triturados

- 1 limón, rallado, una mitad cortado en rodajas

- 1/8 de sal

- 1/8 de pimienta

- 4 cucharadas de mantequilla sin sal, cortada en 4 trozos

- Un gran puñado de perejil fresco de hoja plana picado.

Instrucciones:

1. En una gran sartén, calienta el aceite a fuego moderado. Saborea los camarones con sal y pimienta, y luego ponlos en la sartén en una sola capa. Cocine, sin

interrupción, hasta que los fondos de los camarones comiencen a tornarse rosados, aproximadamente 1 minuto después.

2. Dale la vuelta al camarón y cocínalo hasta que esté casi cocido, un minuto más. Mantenga las gambas en un plato y déjelas a un lado.

3. Ajústelo a medio, añada las hojuelas de pimienta, el ajo y un poco más de aceite si la sartén parece seca; cocine, revolviendo repetidamente hasta que el ajo empiece a dorarse, aproximadamente 1 minuto. Añada el vino, raspando cualquier trozo quemado del fondo de la sartén, y cocine a fuego lento hasta que la mayor parte del vino haya desaparecido.

4. Mezcla la mantequilla, luego sazona la salsa con jugo de limón y sal de un medio limón. Añada los camarones cocidos, la cáscara de limón, los jugos acumulados en el plato, y el perejil y escúchelo hasta que los camarones se calienten, alrededor de 1 minuto. Servir con gajos de limón, si lo desea.

Nutrición:

Calorías 316

Grasa 20,3 g

Sodio 1039 mg

Hidratos de carbono 4 g

Proteína 23,5 g

Salmón escalfado con salsa cremosa de piccata

Tiempo de preparación: 5 minutos

Tiempo de cocción: 15 minutos

Porciones: 4

Ingredientes:

- Un filete de salmón de 1 libra de corte central sin piel y cortado en 4 porciones.

- 2 cucharadas de jugo de limón

- 2 cucharaditas de aceite de oliva extra virgen

- ¼ taza de crema agria reducida en grasas

- 1 chalota grande, picada

- 1 taza de vino blanco seco, dividido

- 1 cucharada de eneldo fresco picado

- 4 cucharaditas de alcaparras, enjuagadas

- ¼ cucharadita de sal

Instrucciones:

1. Coloca el salmón en una sartén ancha y añade ½ taza de vino y suficiente agua para cubrir el salmón. Ponerlo a hervir a fuego alto. Cocine a fuego lento, déle la vuelta

al salmón, cocínelo dentro de los 5 minutos y luego retírelo del fuego.

2. Mientras tanto, calienta el aceite en una sartén mediana a fuego moderado. Añada el chalote y cocine, removiendo, hasta que esté perfumado, unos 30 segundos. Añada el resto de la taza de vino ½; hierva hasta que esté ligeramente condensado, alrededor de 1 minuto.

3. Añade el jugo de limón y las alcaparras y cocina un minuto más. Remover, añadir la crema agria y la sal. Cubrir el salmón con la salsa y condimentarlo con eneldo antes de servirlo.

Nutrición:

Calorías 229

Grasa 8,3 g

Sodio 286 mg

Hidratos de carbono 3,7 g

Proteína 23,3 g

Ensalada de atún al estilo toscano

Tiempo de preparación: 15 minutos

Tiempo de cocción: 0 minutos

Porciones: 4

Ingredientes:

- 2 latas de 6 onzas de atún ligero en trozos, escurrido.

- ¼ cucharadita de sal

- 10 tomates cherry

- 2 cucharadas de jugo de limón

- 4 cebolletas, recortadas y rebanadas

- 2 cucharadas de aceite de oliva extra virgen

- 1 lata de 15 onzas de judías blancas pequeñas

- Pimienta recién molida

Instrucciones:

1. Mezcle el atún, los frijoles, las cebolletas, los tomates, el jugo, el aceite, el limón, la pimienta y la sal en un tazón mediano. Revuelva suavemente. Refrigerar hasta que esté listo para servir.

Nutrición:

Calorías 199

Grasa 8.8 g

Sodio 555 mg

Hidratos de carbono 19,8 g

Proteína 16,5 g

Tomates rellenos de ensalada de atún con rúcula

Tiempo de preparación: 5 minutos

Tiempo de cocción: 15 minutos

Porciones: 4

Ingredientes:

- 1 cucharadita de tomillo seco

- 3 cucharadas de vinagre de jerez

- 3 cucharadas de aceite de oliva extra virgen

- 1/3 taza de apio picado

- ¼ cucharadita de pimienta recién molida

- 4 tomates grandes

- 8 tazas de rúcula para bebés

- ¼ taza de cebolla roja finamente picada

- ¼ cucharadita de sal

- ¼ taza de aceitunas Kalamata picadas

- 2 latas de 5 onzas de atún ligero en aceite de oliva, escurrido

- 1 lata de frijoles norteños grandes, enjuagados

Instrucciones:

1. Bate el aceite, la sal, el vinagre y la pimienta en un tazón de tamaño medio. Poner 3 cucharadas del aderezo en un tazón grande y reservar.

2. Cortar lo suficiente de la parte superior de cada tomate para quitar el núcleo, cortar lo suficiente de la parte superior para igualar la taza ½ y añadirlo al tazón de tamaño medio. Sacar el tejido blando del tomate con una cuchara o una bola de melón y desechar la pulpa

3. Añade el atún, la cebolla, el tomillo, las aceitunas y el apio al tazón de tamaño medio; revuelve suavemente para mezclar. Llene los tomates con la mezcla de atún. Añade las judías y la rúcula a la gasa del bol grande y mézclalo todo. Dividir la ensalada en cuatro platos y cubrir cada uno con un tomate relleno.

Nutrición:

Calorías 353

Grasa 17,6 g

Sodio 501 mg

Hidratos de carbono 29,9 g

Proteína 19,7 g

Cazuela de mariscos con hierbas

Tiempo de preparación: 15 minutos

Tiempo de cocción: 50 minutos

Porciones: 12

Ingredientes:

- 1 ½ tazas de arroz de grano largo sin cocer

- 2 cucharadas de mantequilla

- ¼ cucharadita de pimienta

- 2 cucharadas de perejil fresco picado

- 1 cebolla mediana, finamente picada

- 3 dientes de ajo, picados

- 1 zanahoria mediana, rallada

- ½ cucharadita de sal

- 3 costillas de apio, en rodajas finas

- 1 ½ cucharadita de eneldo fresco o ½ cucharadita de hierba de eneldo

Mariscos:

- 1 libra de camarones medianos sin cocer, pelados y desvenados.

- 1 lata de carne de cangrejo, escurrida, desmenuzada y sin cartílago

- ¼ taza de harina para todo uso

- Vieiras de laurel de una libra

- ½ cucharadita de sal

- 1 paquete (8 onzas) de queso crema, cortado en cubos

- 5 cucharadas de mantequilla, en cubos

- 1 ½ tazas de crema mitad y mitad

- 1 ½ cucharadita de eneldo fresco o ½ cucharadita de hierba de eneldo

- ¼ cucharadita de tomillo seco

- ¼ cucharadita de pimienta

Topping:

- 2 cucharadas de mantequilla, derretida

- 1 ½ tazas de migas de pan suave

Instrucciones:

1. Precaliente el horno a 325°F. Cocine el arroz según las instrucciones del paquete. Mientras tanto, en una sartén grande, calienta la mantequilla a fuego moderado. Añada la cebolla, el apio y la zanahoria; cocine y revuelva hasta que esté crujiente y tierna.

Añada el ajo, la pimienta y la sal; cocine 1 minuto más. Añada al arroz cocido. Añada el perejil y el eneldo. Pasar a una fuente para hornear engrasada.

2. Llena una cacerola grande con 2/3 de agua y ponla a hervir. Reducir el fuego a medio. Añada los camarones; cocínelos a fuego lento, sin tapar, durante 30 segundos. Añada las vieiras; cocine a fuego lento durante 3 minutos o hasta que los camarones se vuelvan rosados y las vieiras estén firmes y densas. Reserve 1 taza de líquido de cocción. Ponga los mariscos en un tazón grande; añada el cangrejo.

3. Disuelva la mantequilla a fuego medio en una pequeña cacerola. Añada la harina hasta que se mezcle; añada lentamente la crema y mantenga el líquido de cocción. Hervir dentro de 2 minutos o hasta que esté condensada y espumosa. Reducir el fuego. Añada el queso crema, el eneldo y sazone hasta que esté suave. Revuelva en la mezcla de mariscos.

4. Viértelo sobre la mezcla de arroz. Mezclar el pan rallado con la mantequilla derretida; espolvorear por encima. Hornee, sin tapar, 50 minutos o hasta que se ponga dorado. Póngase de pie 10 minutos antes de servirlo.

Nutrición:

Calorías 404

Grasa 20g

Sodio 616mg

Carbohidratos 29g

Proteína 26g

Salmón al horno con hierbas de limón

Tiempo de preparación: 15 minutos

Tiempo de cocción: 20 minutos

Porciones: 8

Ingredientes:

- 1 filete de salmón 3-4 libras

- sal y pimienta

- 1 limón dividido

- 2 cucharadas de mantequilla derretida

Topping:

- ¾ taza de migas de pan Panko

- 3 cucharadas de mantequilla derretida

- 2 cucharadas de queso parmesano rallado

- 1 cucharada de eneldo fresco picado

- ralladura de un limón

- 2 cucharadas de perejil fresco picado

- 3 dientes de ajo picados

Instrucciones:

1. Precaliente el horno a 400oF. Ponga todos los ingredientes en un pequeño tazón. Cubra una cacerola con papel de aluminio y rocíe con spray de cocina.

Poner el salmón en la sartén y rociar con mantequilla derretida.

2. Sazonar con sal y pimienta y aplastar ½ del limón por encima. Espolvorea la mezcla de migas sobre el salmón. Hornee expuesto durante 15 minutos o hasta que el salmón se desmenuce fácilmente y se cocine.

Nutrición:

Calorías: 377

Hidratos de carbono: 5g

Proteína: 40g

Grasa: 20g

Sodio: 212mg

Paquetes de papel aluminio de salmón horneado con verduras

Tiempo de preparación: 15 minutos

Tiempo de cocción: 15 minutos

Porciones: 4

Ingredientes:

- 1 libra de salmón (cortado en 4 filetes de 6 onzas)

- 1/2 libra de espárragos (recortados, y luego cortados por la mitad)

- 1/2 cucharadita de sal marina

- 1 cucharada de eneldo fresco (picado)

- 1/4 de taza de aceite de oliva

- 2 dientes Ajo (picado)

- 10 oz Tomates de uva

- 1/4 cucharadita de pimienta negra

- 1 cucharada de jugo de limón y ½ cucharada de cáscara

- 10 onzas de calabacín (cortado en medias lunas)

- 1 cucharada de perejil fresco (picado)

Instrucciones:

1. Precalentar el horno a 400oF o precalentar la parrilla a medio. Coloca 4 cuadrados grandes de papel de aluminio [por lo menos 12x12 pulgadas (30x30 cm)]. Ponga un filete de salmón en el centro de cada pedazo de papel aluminio. Dividan las verduras al cuadrado entre el papel aluminio alrededor del salmón.

2. Mezcla el aceite de oliva, la pimienta negra, el perejil, la sal marina, el jugo de limón, el ajo picado, la cáscara de limón y el eneldo en un pequeño tazón. Ponga la mitad de la mezcla de aceite para escarbar el salmón, poniendo la mayor parte del ajo sobre el salmón.

3. Vierta la mezcla de aceite residual sobre las verduras. Ponga más sal y pimienta en el salmón y las verduras. Doblar el papel de aluminio y sellar para formar paquetes. Colóquelos en una bandeja para hornear. Hornee dentro de 15-20 minutos, o ase a la parrilla (cerrada) dentro de 13-18 minutos.

Nutrición:

Calorías 400

Grasa 24g

Proteína 36g

Sodio: 212mg

Carbohidratos 8g

y patatas al horno

Tiempo de preparación: 15 minutos

Tiempo de cocción: 20 minutos

Porciones: 4

Ingredientes:

- 1/2 libra de papas rojas pequeñas (alrededor de 4)

- 4 galletas de grasa reducida RITZ, finamente trituradas

- 2 cucharadas de vinagreta de tomate seco al sol KRAFT.

- 2 cucharadas de queso parmesano rallado KRAFT, divididas

- 1/2 lb. de filete de bacalao

- 2 gajos de limón

- 2 cucharadas de mayonesa ligera de mayonesa reducida en grasa KRAFT

- 2 tazas de brócoli fresco, al vapor.

Instrucciones:

1. Calienta el horno a 400°F. Cortar cada patata en 6 trozos y ponerla en un bol grande. Añade el aderezo; tíralo para cubrirlo. Poner, con los lados cortados hacia

abajo, en una bandeja de horno con borde rociado con spray de cocina y hornear durante 10 minutos.

2. Mientras tanto, mezcla las migajas de galletas y una cucharada de queso en un plato poco profundo. Cortar el pescado en palitos de una pulgada de ancho; untar la parte superior y los lados con mayonesa. Enrollar en la mezcla de migas hasta cubrirlas uniformemente.

3. Gira las patatas y muévete a los extremos de la sartén. Ponga el pescado, con los lados cubiertos hacia arriba, en el centro de la sartén, y hornee de 8 a 10 minutos. Espolvorea el queso restante sobre las patatas. Sirva el pescado con gajos de limón, brócoli y patatas.

Nutrición:

Calorías 330

Grasa 11g

Sodio 560mg

Hidratos de carbono 33g

Proteína 28g

Salmón al vapor Teriyaki

Tiempo de preparación: 15 minutos

Tiempo de cocción: 15 minutos

Porciones: 4

Ingredientes:

- 3 cebollas verdes, picadas

- 2 paquetes de Stevia

- 1 cucharada de jengibre recién rallado

- 1 diente de ajo, picado

- 2 cucharaditas de semillas de sésamo

- 1 cucharada de aceite de sésamo

- ¼ cup mirin

- 2 cucharadas de salsa de soja baja en sodio

- 1/2 libra de filete de salmón

Instrucciones:

1. Mezcla la stevia, el jengibre, el ajo, el aceite, el mirin y la salsa de soja en un plato resistente al calor que cabe en una cacerola. Añade el salmón y cubre generosamente con la salsa.

2. Ponga semillas de sésamo y cebollas de verdeo encima del salmón. Cubre el plato con papel de aluminio. Colóquelo sobre la trébede. Cubrir y cocer al vapor durante 15 minutos. Déjelo reposar durante 5 minutos en la sartén. Servir y disfrutar.

Nutrición:

Calorías: 242,7

Carbohidratos: 1.2g

Proteína: 35.4g

Grasas: 10.7g

Sodio: 285mg

Bacalao de Alaska de fácil cocción al vapor

Tiempo de preparación: 15 minutos

Tiempo de cocción: 15 minutos

Porciones: 3

Ingredientes:

- 2 cucharadas de mantequilla

- Pimienta al gusto

- 1 taza de tomates cherry, cortados por la mitad

- 1 gran filete de bacalao salvaje de Alaska, cortado en 3 trozos más pequeños

Instrucciones:

1. En un plato a prueba de calor que cabe dentro de una cacerola, agregue todos los ingredientes. Cubrir el plato con papel de aluminio. Colóquelo en el trípode y cocine al vapor durante 15 minutos. Servir y disfrutar.

Nutrición:

Calorías: 132.9

Carbohidratos: 1.9g

Proteína: 12.2g

Grasas: 8.5g

Sodio: 296mg

Paquetes de bacalao con eneldo y limón

Tiempo de preparación: 15 minutos

Tiempo de cocción: 10 minutos

Porciones: 2

Ingredientes:

- 2 cucharaditas de aceite de oliva, divididas

- 4 rodajas de limón, divididas

- 2 ramitas de eneldo fresco, divididas

- ½ cucharadita de polvo de ajo, dividida

- Pimienta al gusto

- Filetes de bacalao de 1/2 libra

Instrucciones:

1. Corta dos trozos de papel de aluminio de 15 pulgadas. Ponga un filete en el medio en un papel de aluminio. Sazone con pimienta al gusto. Espolvorear ¼ cucharadita de ajo. Añada una cucharadita de aceite sobre el filete. Cúbralo con 2 rebanadas de limón y una ramita de eneldo.

2. Dobla el papel de aluminio y sella el filete dentro. Repita el proceso para el resto del pescado. Coloca el paquete en el tríptico. Cúbralo y cocine al vapor durante 10 minutos. Servir.

Nutrición:

Calorías: 164.8

Carbohidratos: 9.4g

Proteína: 18.3g

Grasas: 6g

Sodio: 347mg

Pescado al vapor al estilo mediterráneo

Tiempo de preparación: 15 minutos

Tiempo de cocción: 15 minutos

Porciones: 4

Ingredientes:

- Pimienta al gusto

- 1 diente de ajo, aplastado

- 2 cucharaditas de aceite de oliva

- 1 manojo de tomillo fresco

- 2 cucharadas de alcaparras en escabeche

- 1 taza de aceitunas negras curadas con sal

- Tomates cherry de una libra reducidos a la mitad

- 1 ½-lbs. filetes de bacalao

Instrucciones:

1. En un plato a prueba de calor que cabe dentro de una cacerola, pon la mitad de los tomates cherry cortados por la mitad. Sazonar con pimienta.

2. Añade los filetes encima de los tomates y sazona con pimienta. Rocíe aceite. Espolvorea 3/4 de tomillo encima y el ajo machacado.

3. Cubre la parte superior del pescado con los tomates cereza restantes, y luego coloca el plato en el trípode. Cúbranlo con papel de aluminio, y luego al vapor durante 15 minutos. Sirva y disfrute.

Nutrición:
Calorías:
263,2
Carbohidratos:
21.8g
Proteína:
27.8g
Grasas:
7.2g
Sodio:
264mg

Vegetales al vapor y salmón con limón y pimienta

Tiempo de preparación: 15 minutos

Tiempo de cocción: 15 minutos

Porciones: 4

Ingredientes:

- 1 zanahoria, pelada y cortada en juliana

- 1 pimiento rojo, en juliana

- 1 calabacín, en juliana

- ½ limón, en rodajas finas

- 1 cucharadita de pimienta

- ½ cucharadita de sal

- 1/2 libra de filete de salmón con piel

- Una pizca de estragón

Instrucciones:

1. En un plato a prueba de calor que cabe dentro de una cacerola, agregue el salmón con la piel hacia abajo. Sazone con pimienta. Añada rodajas de limón encima.

2. Coloca las verduras cortadas en juliana sobre el salmón y sazona con estragón. Cubrir la parte superior del pescado con el resto de los tomates cherry y colocar el plato en el trípode. Cubrir el plato con papel de aluminio. Cubrir el plato y cocer al vapor durante 15 minutos. Sirva y disfrute.

Nutrición:

Calorías: 216,2

Carbohidratos: 4.1g

Proteína: 35.1g

Grasas: 6.6g

Sodio: 332mg

Pescado al vapor con cebollas y jengibre

Tiempo de preparación: 15 minutos

Tiempo de cocción: 15 minutos

Porciones: 3

Ingredientes:

- ¼ taza de cilantro picado

- ¼ taza de cebolletas cortadas en juliana

- 2 cucharadas de jengibre en juliana

- 1 cucharada de aceite de cacahuete

- Filetes de tilapia de una libra

- 1 cucharadita de ajo

- 1 cucharadita de jengibre picado

- 2 cucharadas de vino de arroz

- 1 cucharada de salsa de soja baja en sodio

Instrucciones:

1. Mezcla el ajo, el jengibre picado, el vino de arroz y la salsa de soja en un plato resistente al calor que cabe en una cacerola. Añade el filete de Tilapia y déjalo marinar

durante media hora mientras se da la vuelta en el descanso.

2. Cubra el plato de pescado con papel de aluminio y colóquelo en un trípode. Cubrir el plato y cocer al vapor durante 15 minutos. Sirva y disfrute.

Nutrición:

Calorías: 219

Carbohidratos: 4.5g

Proteína: 31.8g

Grasas: 8.2g

Sodio: 252mg

Tilapia al vapor con Chutney verde

Tiempo de preparación: 15 minutos

Tiempo de cocción: 10 minutos

Porciones: 3

Ingredientes:

- Filetes de tilapia de 1 libra, divididos en 3

- ½ taza de chutney comercial verde

Instrucciones:

1. Corta 3 piezas de papel de aluminio de 15 pulgadas de largo. En un papel de aluminio, coloque un filete en el medio y 1/3 de chutney. Doblar el papel aluminio y sellar el filete en el interior. Repita el proceso para el resto del pescado. Pongan el paquete en el tríptico. Cocine al vapor durante 10 minutos. Sirvan y disfruten.

Nutrición:

Calorías: 151.5

Carbohidratos: 1.1g

Proteína: 30.7g

Grasas: 2.7g

Sodio: 79mg

Abadejo cremoso con col rizada

Tiempo de preparación: 15 minutos

Tiempo de cocción: 10 minutos

Porciones: 5

Ingredientes:

- 1 cucharada de aceite de oliva

- 1 cebolla, picada

- 2 dientes de ajo, picados

- 2 tazas de caldo de pollo

- 1 cucharadita de copos de pimienta roja triturados

- Filetes de abadejo salvaje de 1 libra

- ½ taza de crema pesada

- 1 cucharada de albahaca

- 1 taza de hojas de col rizada, picadas

- Pimienta al gusto

Instrucciones:

1. Ponga una olla a fuego medio-alto en 3 minutos. Ponga aceite, luego saltee la cebolla y el ajo durante 5 minutos. Poner el resto de la preparación, excepto la albahaca, y

mezclar bien. Hervir a fuego lento en 5 minutos. Servir con un poco de albahaca.

Nutrición:

Calorías: 130.5

Carbohidratos: 5.5g

Proteína: 35.7g

Grasas: 14.5g

Sodio: 278mg

Lubina al curry de coco

Tiempo de preparación: 15 minutos

Tiempo de cocción: 15 minutos

Porciones: 3

Ingredientes:

- 1 lata de leche de coco

- Jugo de una lima, recién exprimida

- 1 cucharada de pasta de curry rojo

- 1 cucharadita de aminos de coco

- 1 cucharadita de miel

- 2 cucharaditas de sriracha

- 2 dientes de ajo, picados

- 1 cucharadita de cúrcuma molida

- 1 cucharada de polvo de curry

- ¼ taza de cilantro fresco

- Pimienta

Instrucciones:

1. Coloca una olla de fondo pesado a fuego medio-alto. Mezclar todos los ingredientes, y luego cocinar a fuego lento y a fuego lento durante 5 minutos. Servir y disfrutar.

Nutrición:

Calorías: 241,8

Carbohidratos: 12.8g

Proteína: 3.1g

Grasas: 19.8g

Sodio: 19mg

Filete de bacalao guisado con tomates

Tiempo de preparación: 15 minutos

Tiempo de cocción: 15 minutos

Porciones: 6

Ingredientes:

- 1 cucharada de aceite de oliva

- 1 cebolla, en rodajas

- 1 ½ libra de filetes de bacalao fresco

- Pimienta

- 1 jugo de limón, recién exprimido

- 1 lata de tomates cortados en dados

Instrucciones:

1. Saltee la cebolla durante 2 minutos en una olla a fuego medio-alto. Añade los tomates cortados en dados y cocínalos durante 5 minutos. Añada el filete de bacalao y sazone con pimienta. Cuézalo a fuego lento en 5 minutos. Servir con jugo de limón recién exprimido.

Nutrición:

Calorías: 106.4

Carbohidratos: 2.5g

Proteína: 17.8g

Grasas: 2.8g

Sodio: 381mg

Camarones parmesanos con limón

Tiempo de preparación: 15 minutos

Tiempo de cocción: 15 minutos

Porciones: 4

Ingredientes:

- 1 cucharada de aceite de oliva

- ½ taza de cebolla picada

- 3 dientes de ajo, picados

- Camarones de una libra, pelados y desvenados

- ½ taza de queso parmesano, bajo en grasa

- 1 taza de espinacas, ralladas

- ½ taza de caldo de pollo, bajo en sodio

- ¼ taza de agua

- Pimienta

Instrucciones:

1. Saltee la cebolla y el ajo en 5 minutos en una olla con aceite a fuego medio-alto. Añada los camarones y cocine por 2 minutos.

2. Añade el resto de los ingredientes, excepto el parmesano. Cubrir, hacer hervir, bajar el fuego a fuego lento, y cocer a fuego lento durante 5 minutos. Servir y disfrutar con un poco de parmesano.

Nutrición:

Calorías: 252,6

Carbohidratos: 5.4g

Proteína: 33.9g

Grasas: 10.6g

Sodio: 344mg

Cazuela de atún y zanahorias

Tiempo de preparación: 15 minutos

Tiempo de cocción: 12 minutos

Porciones: 4

Ingredientes:

- 2 zanahorias, peladas y picadas

- ¼ taza de cebollas picadas

- 1 taza de guisantes congelados

- ¾ taza de leche

- 2 latas de atún en agua, escurridas

- 1 lata de sopa de crema de apio

- 1 cucharada de aceite de oliva

- ½ taza de agua

- 2 huevos batidos

- Pimienta

Instrucciones:

1. Ponga una olla de fondo grueso a fuego medio-alto y caliente la olla durante 3 minutos. Una vez caliente,

agregue aceite y revuelva para cubrir la olla con aceite. Saltee la cebolla y las zanahorias durante 3 minutos.

2. Añade el resto de los ingredientes y mézclalos bien. Poner a hervir mientras se remueve constantemente, cocinar hasta que se espese alrededor de 5 minutos. Sirva y disfrute.

Nutrición:

Calorías: 281,3

Carbohidratos: 14.3g

Proteína: 24,3 g

Grasas: 14.1g

Sodio: 275mg

Vieiras de jengibre dulce

Tiempo de preparación: 15 minutos

Tiempo de cocción: 15 minutos

Porciones: 3

Ingredientes:

- Vieiras de una libra, sin conchas

- ½ taza de aminos de coco

- 3 cucharadas de jarabe de arce

- ½ cucharadita de polvo de ajo

- ½ cucharadita de jengibre molido

Instrucciones:

1. En un plato a prueba de calor que cabe dentro de una cacerola, agregue todos los ingredientes. Mezclar bien. Cubrir el plato de vieiras con papel de aluminio y colocar en un trípode. Cubra la cacerola y cocine al vapor durante 10 minutos. Déjelo en la cacerola por otros 5 minutos. Sirva y disfrute.

Nutrición:

Calorías: 233,4

Carbohidratos: 23.7g

Proteína: 31.5g

Grasas: 1.4g

Sodio: 153mg

Panecillo de langosta salada

Tiempo de preparación: 15 minutos

Tiempo de cocción: 20 minutos

Porciones: 6

Ingredientes:

- 1 ½ tazas de caldo de pollo, bajo en sodio

- 2 cucharaditas de condimento de laurel viejo

- 2 libras de colas de langosta, crudas y en el caparazón

- 1 limón, cortado a la mitad

- 3 cebolletas, picadas

- 1 cucharadita de semillas de apio

Instrucciones:

1. Coloca una olla de fondo grueso a fuego medio-alto y añade todos los ingredientes y ½ del limón. Cubrir, hacer hervir, bajar el fuego a fuego lento, y cocer a fuego lento durante 15 minutos. Déjenlo reposar por otros 5 minutos. Servir y disfrutar con el jugo de limón recién exprimido.

Nutrición:

Calorías: 209
Carbohidratos: 1.9g
Proteína: 38.2g
Grasas: 5.4g
Sodio: 288mg

Ajo y tomates en los mejillones

Tiempo de preparación: 15 minutos

Tiempo de cocción: 15 minutos

Porciones: 6

Ingredientes:

- ¼ copa de vino blanco

- ½ taza de agua

- 3 tomates Roma, picados

- 2 dientes de ajo, picados

- 1 hoja de laurel

- 2 libras de mejillones, fregados

- ½ taza de perejil fresco, picado

- 1 cucharada de aceite

- Pimienta

Instrucciones:

1. Calentar una olla a fuego medio-alto en 3 minutos.
   Ponga aceite y revuelva para cubrir la olla con aceite.
   Saltear el ajo, el laurel y los tomates durante 5 minutos.

2. Añade los ingredientes restantes excepto el perejil y los mejillones. Mezclar bien. Añada los mejillones. Cubrir y hervir durante 5 minutos. Sirva con un poco de perejil y deseche los mejillones sin abrir.

Nutrición:

Calorías: 172.8

Carbohidratos: 10.2g

Proteína: 19.5g

Grasas: 6g

Sodio: 261mg

CPSIA information can be obtained
at www.ICGtesting.com
Printed in the USA
BVHW011217080421
604483BV00009B/168

9 781801 831031